BEI GRIN MACHT SICH IHR WISSEN BEZAHLT

- Wir veröffentlichen Ihre Hausarbeit, Bachelor- und Masterarbeit

- Ihr eigenes eBook und Buch - weltweit in allen wichtigen Shops

- Verdienen Sie an jedem Verkauf

Jetzt bei www.GRIN.com hochladen und kostenlos publizieren

André Böhlmann

Glaube und Konfession im Klassenzimmer. Religionssoziologische Betrachtungen.

GRIN Verlag

Bibliografische Information der Deutschen Nationalbibliothek:

Die Deutsche Bibliothek verzeichnet diese Publikation in der Deutschen National-
bibliografie; detaillierte bibliografische Daten sind im Internet über http://dnb.d-
nb.de/ abrufbar.

Impressum:

Copyright © 2006 GRIN Verlag GmbH
Druck und Bindung: Books on Demand GmbH, Norderstedt Germany
ISBN: 978-3-656-71545-0

Dieses Buch bei GRIN:

http://www.grin.com/de/e-book/278927/glaube-und-konfession-im-klassenzimmer-
religionssoziologische-betrachtungen

GRIN - Your knowledge has value

Der GRIN Verlag publiziert seit 1998 wissenschaftliche Arbeiten von Studenten, Hochschullehrern und anderen Akademikern als eBook und gedrucktes Buch. Die Verlagswebsite www.grin.com ist die ideale Plattform zur Veröffentlichung von Hausarbeiten, Abschlussarbeiten, wissenschaftlichen Aufsätzen, Dissertationen und Fachbüchern.

Besuchen Sie uns im Internet:

http://www.grin.com/

http://www.facebook.com/grincom

http://www.twitter.com/grin_com

REFERAT: RELIGIONSSOZIOLOGIE

Die Religionssoziologie ist ein Spezialgebiet der Soziologie. Sie befasst sich mit den sozialen Voraussetzungen von Religion, mit den sozialen Formen, die Religion annimmt, und dem Einfluss von Religion auf Gesellschaften. Die Religionssoziologie deckt hierbei ein weites Feld ab und reicht von Beiträgen zur Gesellschaftstheorie (die z. B. die Funktion von Religion für die Gesamtgesellschaft beschreiben) bis zu mikrosoziologischen Untersuchung einzelner religiöser Gruppen und religiöser Praktiken.

Inhaltsverzeichnis

1.)Grundbegriffe

Religion

Die Soziologie hat keinen einheitlichen Begriff der Religion ausgebildet, vielmehr gehen die Autoren von unterschiedlichen Religionsbegriffen aus. Unterschieden werden substantiale und funktionale Definitionen der Religion:

1. Substantiale Definitionen versuchen, charakteristische Wesensmerkmale der Religion zu bestimmen, die diese substantial (wesensmäßig, inhaltlich) von anderen sozialen Phänomenen unterscheidet, beispielsweise die Erfahrung von Gott oder dem Heiligen.
2. Funktionale Definitionen hingegen versuchen Religion über ihre Funktion für einzelne Gesellschaftsmitglieder bzw. die Gesamtgesellschaft zu bestimmen. Funktionen der Religion sind zum Beispiel die Erklärung unerklärlicher Phänomene oder die Legitimation von Herrschaft.

Darüber hinaus gibt es Mischdefinitionen, die sowohl substantiale als auch funktionale Elemente einbeziehen. Da funktionalistische Theorien in der internationalen Soziologie lange Zeit eine vorrangige Stellung hatten, sind überwiegend funktionale soziologische Definitionen der Religion verbreitet. Für eine funktionale Bestimmung von Religion spricht auch die Begriffsgeschichte: Der Begriff der Religion stammt aus der christlich-abendländischen Tradition und ist daher nicht ohne weiteres auf Gesellschaften außerhalb dieses Kulturkreises anwendbar (Hierzu ausführlicher: Siehe Religion).

Säkularisierung

- Trennung von Religion und gesellschaftlichen Prozessen und Einrichtungen, die früher religiös geprägt waren. Säkularisierung geht damit weiter als die bloße Aufhebung geistlicher Herrschaften im Rahmen der Säkularisation. War das Mittelalter noch von einem tiefgreifenden religiösen Einfluss auf alle Bereiche menschlichen Lebens gekennzeichnet, so wird Religion im Säkularisierungsprozess zu einem System neben anderen. So werden zum Beispiel heutzutage Krankenhäuser nicht mehr allein unter dem Gedanken christlicher Barmherzigkeit organisiert, sondern gelten als säkulare (weltliche) Anstalten zum Wohle der Allgemeinheit und werden dementsprechend staatlich finanziert und professionell betrieben. Ebenso wurde die Rolle des Klerus in der Gesellschaft im Laufe der europäischen Geschichte einem sozialen Wandel unterworfen. Wenngleich mit dem Säkularisierungsprozess zweifellos ein Verlust des Einflusses institutionalisierter Religiosität (insbesondere kirchlich institutionalisierter Religiosität) in vielen Lebensbereichen verbunden ist, ist es doch strittig, ob die Säkularisierung einen Bedeutungsverlust von Religion bzw. Religiosität als solcher beinhaltet oder ob sie nicht vielmehr einen Strukturwandel der Religion darstellt, sich also die Religiosität der Menschen nur in ihrer Form und in der Art und Weise ihrer Ausübung ändert. Thomas Luckmann spricht in diesem Zusammenhang von Säkularisierung als einer „Entkirchlichung" bzw. „Privatisierung" von Religiosität. Demgegenüber versuchten Detlef Pollack, Steve Bruce und andere mittels empirischer Studien nachzuweisen, dass mit dem Rückgang institutionalisierter Religiosität auch ein Rückgang individueller Religiosität einhergegangen ist.

Ritual

Die Religionsausübung ist in der Regel mit der Praxis von Ritualen und Zeremonien verbunden, mit denen die Anhänger einer Religion ihre religiöse Lebensführung gestalten, ihre Weltanschauung zum Ausdruck bringen oder die Zugehörigkeit zu einer Gemeinschaft demonstrieren und zelebrieren. Im Rahmen von Kult und Gottesdienst dienen solche Rituale sehr oft der Erfahrung von Transzendenz, der symbolisch oder zeichenhaft vermittelten (jedoch unter Umständen durchaus als „real" empfundenen oder interpretierten) Verbindung mit dem (wie auch immer verstandenen) Göttlichen oder Absoluten, der Herstellung und dem Erlebnis von Gemeinschaft oder einer als sinnstiftend empfundenen Deutung und Überhöhung des lebensweltlichen Alltags durch religiöse Symbole und rituelle Vollzüge.

Religiöse Organisationen

Religion äußert sich nicht nur in der religiösen Praxis von Ritualen, sondern auch in religiösen Organisationen, die sich in Aufbau, Hierarchie und Mitgliedschaftsvoraussetzungen unterscheiden. Schon Max Weber traf eine Unterscheidung zwischen Sekten einerseits und Kirchen andererseits. Der Begriff der Sekte ist im außerwissenschaftlichen Kontext in der Regel eindeutig negativ belegt. Neben der kategorialen Unterscheidung bestimmter Organisationsformen wie Kirche und Sekte richtet die Religionssoziologie ihr Interesse auch auf die Entstehung solcher Organisationsformen und den Übergang von einer Organisationsform in andere.

Religiöse Rollen

Mit der Ausbildung organisierter Religiosität in Ritualen und Organisationen geht die Entstehung bestimmter sozialer Rollen einher, etwa der des Priesters und des Propheten. Religiöse Führer oder Gruppen religiöser Funktionsträger (z. B. der Klerus) können in einer religiös geprägten Gesellschaft eine bedeutende soziale Position einnehmen, mit der gesellschaftlicher Einfluss und Privilegien bis hin zur tatsächlichen oder beanspruchten politischen Herrschaft verbunden sein können (Klerikalismus).
Religionssoziologische (bisweilen auch von der Pastoraltheologie herangezogene) Forschungen befassen sich auch mit der praktischen Rolle von Seelsorgerinnen und Seelsorgern im modernen, durch Differenzierung und Konkurrenz der Systeme und Weltanschauungen gekennzeichneten gesellschaftlichen Kontext. Diese lässt sich soziologisch etwa (in Anlehnung an Anthony Giddens[1]) als die Rolle von Repräsentanten einer Religion als „Expertensystem" beschreiben, das an die Stelle des hergebrachten allumfassenden und allgemeingültigen „Symbolsystems" getreten ist.

2. Theoriegeschichte

Als bedeutender Vorläufer der Religionssoziologie ist der von Charles de Montesquieu mit seinem L'esprit du lois (1749) beeinflusste Orientalist Johann David Michaelis mit seinem Werk Mosaisches Recht von 1793 anzusehen. Hier wurde erstmals die soziale 'Vernünftigkeit' der mosaischen Gesetze in der Bibel dargetan, und zur Prüfung seiner Hypothesen arbeitete Michaelis auch einen empirischen Fragebogen aus, den er Carsten Niebuhr und Pehr Forsskål auf ihre berühmte arabische Expedition mitgab.

Grundlegend für die Entwicklung der Religionssoziologie selbst sind vor allem die Schriften von Max Weber („Die protestantische Ethik und der 'Geist' des Kapitalismus", „Die Wirtschaftsethik der Weltreligionen") und Émile Durkheim („Die elementaren Formen des religiösen Lebens").

Religionskritik

Auguste Comte verstand Soziologie als Naturwissenschaft, die sich im Folge der Aufklärung als Steuerungsinstrument einer rationalen Gesellschaft etablieren sollte, soziale Physik. Im Vorfeld einer Soziologie der Religion steht daher das Erbe der Religionskritik, die neben philosophischen und psychologischen Argumenten immer auch mit soziologischen Argumenten betrieben wurde.

Karl Marx

Zentral für eine Religionskritik aus soziologischer Perspektive ist Karl Marx. Dieser geht in seiner Gesellschaftstheorie davon aus, dass im Zuge der Entfremdung des Arbeiters durch den Zwangsverkauf der Arbeitskraft in der kapitalistischen Gesellschaft der Religion die Funktion zufalle, diese Entfremdung durch religiösen Trost und Jenseitsorientierung zu überdecken. Daher sieht Marx die Religion als „Opium des Volkes" und, daraus folgend, die Kritik der Religion als Anfang aller Kritik an.

Émile Durkheim

In seinem religionssoziologischen Hauptwerk „Die elementaren Formen des religiösen Lebens" bezeichnet Émile Durkheim die Religion als Ausdruck des Sozialen. Während in der Vergangenheit Religion das Bindeglied der traditionellen Gesellschaften war, wird dies in der modernen Gesellschaft durch soziale Zusammenhänge zum großen Teil ersetzt. Er entwickelt demgemäß die grundsätzliche Unterscheidung zwischen „heilig" und „profan".

In den dreißiger Jahren des vorigen Jahrhunderts versuchten die Soziologen und Intellektuellen des Collège de Sociologie angelehnt an Durkheim und seine Schüler (Marcel Mauss, Robert Hertz und Henri Hubert) eine soziologisch grundierte Religionstheorie und z. T. auch -praxis zu entwickeln, die dem ideologischen Einfluss des Nationalsozialismus auf den Einzelnen vorbeugen sollte.

Max Weber

Max Webers berühmtester Beitrag zur Religionssoziologie ist seine sog. Protestantismusthese, die er in seiner Schrift „Die protestantische Ethik und der 'Geist' des Kapitalismus" entwickelte. Weber versucht die Frage zu beantworten, weshalb sich ausgerechnet im Abendland (genauer: in den angelsächsischen Ländern) der moderne (= rationale) Kapitalismus entwickelte. Weber erklärt dies durch den Protestantismus, insbesondere die Prädestinationslehre. Dieser führte einerseits zu einer innerweltlichen Askese (und dazu zur nötigen Kapitalakkumulation), andererseits zu einer Lebenspraxis, die wirtschaftlichen Erfolg als Zeichen göttlicher Auserwähltheit als anstrebenswert erachtete. Auch wenn sich die religiöse Basis im Laufe der Zeit änderte, so blieb doch diese Lebenspraxis. Andere Religionen untersuchte Weber in der Aufsatzsammlung „Die Wirtschaftsethik der Weltreligionen". Neben der Protestantismusthese hat Weber in seinem Hauptwerk „Wirtschaft und Gesellschaft" systematisch Grundbegriffe der Religionssoziologie wie z.b. Sekte abgehandelt. Sein vor allem in Kontext der von ihm definierten Herrschaftstypen bekanntgewordener Begriff des Charismas wird seit den 1990ern gewinnbringend in der Religionssoziologie angewandt.

Talcott Parsons

Aus Sicht der strukturfunktionalen Systemtheorie Talcott Parsons ist die Religion ein wesentliches Element für die Begründung von Werten und Grundmustern sozialer Systeme.

Niklas Luhmann

In der Systemtheorie Luhmanns wird Religion als eigenes Subsystem der Gesellschaft funktional bestimmt. Im Zuge der funktionalen Differenzierung moderner Gesellschaften bildet sich ein eigenes Religionssystem heraus.

Rodney Stark und William Sims Bainbridge

Mit ihrer grundlegenden Studie A Theory of Religion bringen diese beiden amerikanischen Soziologen (neben einigen anderen) die Theorie der rationalen Entscheidung (rational choice theory, auch ökonomische Handlungstheorie) in die Religionssoziologie ein. Sie bestreiten die Aussage der Säkularisierungsthese, wonach mit fortschreitender Modernisierung Religion und Religiosität an Bedeutung verlieren. Vielmehr gehen sie davon aus, dass sich die religiösen Bedürfnisse der Menschen trotz allgemeiner Rationalisierung der Lebensweisen nicht verändert hätten, und richten ihr Augenmerk stattdessen auf die Angebotsseite der Religion: auf die Religionsgemeinschaften und Kirchen. Ob es zu einer Säkularisierung in der Gesellschaft komme oder nicht, hänge demnach vielmehr von der Beschaffenheit des „Marktes der Religionen" ab. Das Vorhandensein einer Vielzahl von Religionsgemeinschaften innerhalb einer Gesellschaft nämlich zwinge die religiösen Anbieter dazu, ihre „Ware" möglichst attraktiv zu gestalten, und führe damit zu einem Aufblühen der Religiosität insgesamt. Hingegen würde die Dominanz einer einzigen Religion (etwa einer Staats- oder subventionierten Kirche) Konkurrenz ausschließen, Anreize zur Attraktivitätssteigerung des religiösen Angebots behindern und so zu einem Absterben aktiver Religiosität insgesamt führen.

Ulrich Oevermann

Das von Ulrich Oevermann in einem Aufsatz von 1995 erstmals vorgelegte und später in weiteren Aufsätzen weiterentwickelte Strukturmodell von Religiosität gilt neben den Ansätzen von Thomas Luckmann und Niklas Luhmann zu den drei einflussreichen religionssoziologischen Paradigmen in Deutschland. Es ist unter diesen drei Ansätzen zugleich das mit Abstand jüngste Paradigma. Oevermann unterscheidet in seinem Modell zwischen der Struktur von Religiosität, die als universell gilt, und ihrem Inhalt, der in Gestalt von Herkunfts- und Bewährungsmythen als je historisch variabel betrachtet wird. Der Säkularisierungsprozess wird vor diesem Hintergrund gefasst als eine Transformation der Inhalte, als Transformation religiöser Glaubensinhalte in säkulare, bei Fortbestehen der grundlegenden Struktur von Religiosität.

Die universelle Struktur von Religiosität hängt in seinem strukturalistisch-pragmatistischen Modell unmittelbar mit den universellen Struktureigenschaften menschlicher Lebenspraxis zusammen. In deren Zentrum steht die sprachliche Bedeutungs- und Prädikationsfunktion, die gattungsgeschichtlich mit dem Übergang von Natur zu Kultur entstanden ist und die einen

Dualismus zwischen der zeichenhaft repräsentiernden Welt hypothetischer Möglichkeiten in Vergangenheit und Zukunft einerseits und der repräsentierten Welt der Wirklichkeit im Hier und Jetzt der Gegenwart andererseits zeitigt. Aus diesem Dualismus resultiert nach Oevermann zwingend das Bewußtsein von der Endlichkeit des Lebens, das seinerseits das Problem der nicht still stellbaren Bewährungsdynamik hervorruft.

Das Strukturmodell von Religiosität besteht aus drei Struktureigenschaften, die im Sinne eines Phasenmodells auseinanderfolgen: 1. Das Bewährungsproblem aufgrund des Bewußtseins von der Endlichkeit des Lebens, das eine nicht still stellbare Bewährungsdynamik freisetzt. 2. Der Bewährungsmythos, der eine notwendige Hoffnung auf die Bewährtheit verbürgt und 3. die Evidenz des Mythos aufgrund einer vergemeinschafteten Praxis. Das erste Strukturmoment ist kulturell universell, das zweite je kulturspezifisch und das dritte sowohl universell, was die Vergemeinschaftung als Struktur anbetrifft als auch kulturspezifisch, was ihre von den jeweiligen Inhalten und den daraus folgenden Riten und Kultformen abhängige soziale Ausformung anbetrifft.

Empirische Religionssoziologie

Quantitative Ansätze

Im Rahmen von groß angelegten Umfragen wie der European Values Study ([1]), dem World Values Survey ([2]), ALLBUS und der Shell-Jugendstudie sind Fragen nach der Religion ein fester Bestandteil.

Themen

Zivilreligion

Robert N. Bellah hat in seinen Studien über die US-amerikanische Gesellschaft das Konzept der Zivilreligion eingeführt. Zivilreligion als analytisches Konzept eignet sich zur Beschreibung bestimmter religiöser Einstellungen, die von den meisten Mitgliedern der Gesellschaft geteilt werden. Für den von Bellah untersuchten Fall USA lässt sich folgendes feststellen: Zivilreligiöse Einstellungen werden mit Hilfe verschiedener Symbole ausgedrückt, zu denen neben nationalen Symbolen, z.B. der amerikanischen Flagge, auch Symbole mit stark biblischer Konnontation gehören. Diese zivilreligiösen Symbole treten vor allem im öffentlichen Raum auf und weniger in den eigentlichen religiösen Räumen der verschiedenen amerikanischen Religionsgemeinschaften. Besonders hervorzuheben ist die Benutzung von zivilreligiösen Symbolen in der politischen Rhetorik: Elemente der amerikanischen Zivilreligion sind der häufige Bezug zu Gott in Politikerreden. Aber auch die häufige Erinnerung und Ermahnung, dass die Vereinigten Staaten von Amerika für bestimmte Werte stehen, die von allen Amerikanern geteilt werden (sollten), können als zivilreligiös angesehen werden, da hierdurch ein idelles Selbstbild der amerikanischen Gesellschaft zum Ausdruck kommt. Verglichen mit den USA lässt sich das Konzept Zivilreligion für Deutschland nicht im gleichen Maße anwenden. Weder gibt es nationale Symbole, die eine vergleichbare Stellung haben und ähnliche Reaktionen in der Gesamtbevölkerung hervorrufen, noch ist der öffentliche Raum geprägt von religiösen Symbolen, die einem idellen Selbstbild Ausdruck verleihen. Allerdings zeigt die Diskussion um das Konzept einer Leitkultur, wie auch die deutsche Auseinandersetzung mit der Vergangenheit, erste Anzeichen, die auf eine Entstehung eines zivilreligiösen Symbolschatzes hinweisen. Die Frage nach einer Zivilreligion, bzw. nach einem gemeinsamen Fundus an Ritualen und religiös konnontierten Selbst-Bildern lässt sich hingegen auf der europäischen Ebene feststellen: Die Diskussion um europäische Leitkultur, um einen Gottesbezug in der Europäischen Verfassung und um einen möglichen Beitritt der Türkei zur Europäischen Union sind hier aktuelle Diskussionsfelder.

Religion, Religionsdefinition, Religionswissenschaft, Religionskritik, Säkularisierung, Zivilreligion, Religionsökonomie

Übersichtsdarstellungen zur Soziologie

* Hubert Knoblauch: Religionssoziologie, 1999, ISBN 3110163470

* Volkhard Krech: Religionssoziologie, 1999, ISBN 3933127076

* Monika Wohlrab-Sahr "Luckmann 1960" und die Folgen. Neuere Entwicklungen in der deutschsprachigen Religionssoziologie. In: B. Orth, T. Schwietring, J. Weiß: Soziologische Forschung. Stand & Perspektiven. Opladen 2003, S. 427-448.

* Stephan Moebius: Die Zauberlehrlinge. Soziologiegeschichte des Collège de Sociologie 1937-1939, 552 Seiten, 2006, Konstanz: UVK. ISBN 3-89669-532-0.

EXZERPT WERMKE:

SITUATION DES RU IN THÜRINGEN:

Ergebnisse der Studie:

1) ZUR TEILNAHME

- vgl. hohe Akzeptanz des Faches
- im Blick auf Schulformen keine gravierenden Unterschiede zw. Schülern
- (etwa gleiches Erwartungsbild und Anspruch an RU)
- Motive zur Teilnahme am RU:

  G: eigener Gottesglaube + pos. Verh. zur Kirche vordergründige Motive

  R: eher Wertschätzung der Lehrkraft als Motiv

  Beide: Elternwusch zu etwas mehr als der Hälfte als Motiv genannt (insges. das häufigste

  Motiv) U: Elternerwartung?→weitere Studie

- Motivation für RU i.a.R. in unteren Jahrgangsstufen größer U: Gründe?→weitere Studie
- Motivation vom M und J zeigt deutliche Untersch.: Interesse der M wächst mit

  zunehmendem Alter, das der J nimmt ab→"WEIBLICHEN" (Methoden und Themen) RU

  GESTALTEN? ODER GERADE NICHT?
- allg. geringe Schulmotivation der J →nicht nur RU betreffend

- Kirchenzugehörigkeit: in vielen Bereichen (Positionalität der RL, der praktiz. Inhalte und

  Methoden, sowie Attraktivität des Faches) keine auffälligen Abweichungen zw.

  Einschätzungen der getauften u. unget. SuS
- Anteil ungetaufter SuS im RU: ca 20-42 % je nach Region (Eichsfeld ausgenommen)

  → in Jena ca. 7 von 10 SuS getauft
- Unterschied: konfessionell gebundene SuS überwiegend für RU entschieden um auch

  religiöse Inhalte und nicht nur problemorientierte Themen behandeln zu können
- Motivation für +50% der getauften: Gottesglaube, Elternwunsch
- Motivation für 50% der unget.:   Neugierde am Fach; Ablehnung des Eth.; aber auch

  für rund 1/3 der unget. SuS Gottesgl. u. Elternw. ausschlaggebend
- Teilnahme u. Abmeldeveralten von unget. SuS beruht stärker auf eigener pers.

  Entscheidung→auch eher Abmeldung vom RU

- Erwartungshaltung der unget. SuS höher als die der getauften

2.)PROFILBILDUNGEN BEI SuS IN OD

- ungetaufte SuS im RU 3 Gruppen:
- „kirchlich-orientierte" ca20%; (deutliches Interesse an chr. Glauben; Taufabsicht; Nähe zur Kirche)
- „christlich-religiös-autonome" ca50%; (wie oben, Ausübung individueller Formen religiöser Praxis aber institutionalisierten Kontakt zur Kirche abgelehnt; sporadische Inanspruchnahme kirchlicher Veranstaltungen; Taufe abgelehnt)→Christentum ohne Taufe?
- „religiös indifferente" ca30% (glauben nicht an Gott, lehnen christliche Glaubenssätze ab, keine Ausübung religiöser Praxis)

- getaufte SuS in 2 Gruppen:
- „kirchlich integrierte" ca 80% (dem Traditionsabbruch WD entgegenstehendes Kernchristentum, das durch die Zeit hinweg mit einer gewissen Stabilität bestehen bleibt???)
- „kirchlich Indifferente" ca. 20% (entspr. etwa den religiös-indifferenten: Ablehnung der Taufe ihrer Kinder, des christlichen Glaubens, distanziertes Verhältnis gegenüber Kirche)

- ca 1/5 der unget. S steht der Kirche eher nahe und hegt Taufabsicht→offenbar abnehmende Tendenz; etwa jeder 9te möchte durch den RU Christ werden; → konzeptionelle Problematik ob RU auch Taufunterricht sein kann
- Mehrheit der konfessionslosen SuS nicht taufwillig: Ursache in der kirchenfeindlichen Haltung der DDR??? oder andere Ursachen
- etwa die Hälfte der nicht taufwilligen SuS sieht sich als besonders kirchenfern
- es scheint dem RU nicht zu gelingen, den SuS die Kirche entscheidend näher zu bringen

3.)KIRCHE UND SCHULE ALS KONZEPT DER ZUKUNFT?
- auch in OD wichtige Lernorte
- auch ungetaufte SuS besuchen die Christenlehre, für getaufte kommt Konfi-Unterricht hinzu

- Christenlehre aus Schülersicht kein Konkurrenzangebot zum RU, allerdings sind nur SuS erfasst, die auch RU besuchen
- außerschulische Angebote werden von Schülern wahrgenommen→Gründe?
- macht doppeltes Angebot Sinn→RU avanciert zum eigentlichen religiösen Lernort
- RU kann jedoch mit seinem Anspruch, ordentliches Lehrfach zu sein nicht zu vor- oder nachbereitendem Taufunterricht werden, also nicht Christenlehre in der Schule, andererseits kann RU auf die Erfahrung christl. Glaubensvollzüge nicht verzichten (Abendmahl, Familienfeiern, Liturgie der Gottesdienste)
- RU ohne Kirche nicht denkbar→ absolute Distanz zur Kirche nicht möglich (vgl. hierzu Gruppenbildung im Klassenmodell)

- Christenlehre und Konfiunterricht als Einübung und Vollzug der Praxis des Glaubens; RU als Vermittlung und Auslegung christlicher Glaubensaussagen und Bekenntnisse, mit Nähe zur Kirche als Ort christlicher Verkündigung

EXZERPT SCHWEITZER:
3.
- geringe Kirchlichkeit (Teilnahme an Gottesdiensten, kirchl. Veranstaltungen etc.) aber nicht geringe Religiosität (religiöse Praxis außerhalb von Kirche und Interesse an Fragen der Religion)
- Gefahr des weiten Religionsbegriffs in OD im Sinne eines Transzendezbezuges
- Jugendlichen, die nicht religiös sein wollen, darf Religiosität nicht unterstellt werden – Selbsteinschätzung muss geachtet werden
- 68,6% besuchen nie Gottesdienst, aber nur 36,5% gaben an, dass sie nie beten (Shell-Studien in 80er und 90er Jahren in dem Punkt ähnlich)
- in den Alten Bundesl. Nur etwa 10% nicht an Gott glauben (in irgendeiner Weise)
- Festlegung bei Unsicherheit bezüglich der Gottesfrage wird von Probanden vermieden
- Nur etwa 3% geben an, Atheisten zu sein , 10% glauben nicht an Gott, weitere 10% sind unendschieden
- Weitere Studie (Köcher 1989) in den 80ern:14-20 Jährige: 46% religiös, 24% n. rel., 2% überzeugte Atheisten; auch in andern Altersgruppen ähnliche Ergebnisse: kirchenfern, aber religiös
- Empirische Daten allein unzureichend: theol. + soziol. Analysen von Rel. in Gegenwart erforderlich: Theologen (Rendtorff(1972) und Rössler(1986)) und Soziologen

(P.Berger(1980) und Luhmann(1977)) stimmen darin überein, dass eine institutionell schwach-nicht gebundene Form von Religion zu den Kennzeichen moderner Gesellschaft gehört. Zu unterscheiden sind individuelle, gesellschaftliche und kirchliche Formen von Religion und Christentum→ Ausdifferenzierung der Formen, weg von einer institutionellen Religion

- Unterscheidung von Kirchlichkeit und Religiosität in der Religionssoziologie bestätigt
- RP muss entsprechend darauf reagieren und Religion nicht allein als kirchliche Form behandeln

4.

Synkretismus=Patchworkreligion/ bzw. Entstehung komplett neuer eigenst. Religionen
→ Jugendreligionen= best. „Sekten"; Jugendgefährdung

(lt. Zinser 1990) für ¼ der Jugendlichen gehören okkulte Praktiken zum Alltag; 32% haben es schonmal probiert

-problematisch: Auch „weiche" Praktiken prägen die Zahlen bei Zinser, tatsächlich nur 5-10% die in bedenklichen Kontakt zu Jugendreligion stehen; schw. Messe ca 4% der J mal teilgenommen (akt u. pass)

- Bez. „Jugendreligion" nicht ganz treffend, bietet aber rechtlichen Ansatz für Jugendschutz, da Beeinflussung Jugendlicher; Erwachsenenreligionen obliegen der Religionsfreiheit
- Kirchlichkeit und okkulte Interessen schließen einander nicht aus, im Gegenteil sind kirchlich involvierte J noch interessierter
- Für viele eher ein Suchen, Ausprobieren, Sammeln von Erfahrungen, nicht aber Formen stabiler Zugehörigkeit
- Zurück zu Synkretismus: bei älteren J u. Erw.: Nicht blinde Übernahme aller christlichen Traditionen und Lehren; Christentum kann von anderen Religionen lernen
  → zusammengebastelte Weltanschauung
- Selbstverständnis der heutigen J zu Individualität ruft Synkretismus hervor, kein spez. Religiöses Phänomän, sondern in allen Lebensbereichen zu beobachten

5.

Im Osten D. ca 50% der Konfessionslosen (14-29) mit Aussage, dass es keinen Gott gibt (in DDR also wohl irgendwas (betont atheistische Sozialisation) anders gelaufen als in der BRD...)

- J sprechen in Selbstäußerungen von ihren Glauben und Gott nicht mit trad. christlichen Begriffen, sondern mit solchen, die ihrer eigenen Erfahrungs- und Sprachwelt entstammen→ dadurch entsteht eine diffuse Bezeugung; für J jedoch wohl eindeutig→subjektiver Gottesglaube; oft mit kirchenkritischem Akzent
- Nipkow bez. Kirche als „Einbruchstelle" an der über Gewinn oder Verlust des Gottesglauben entschieden wird
- Religion und Kultur werden auf den Menschen zurückgeführt→ die Menschen hätten Jesus zum Gottessohn gemacht
- Gott als „Wort", als meschliche Vorstellung, nach der jeder streben sollte
- Biographisierung des Gottesglaubens
- Theodizee als entscheidendes (zetrales) Kirterium für den Gottesglauben im Jugendalter
- Verhältnis Naturwissenschaft und Gottesglaube
- Frage nach dem Ursprung der Welt ist zentral
- Gottesglaube erschließt sich den Jugendlichen über lebensweltlichen Kontext (situativ in Grenzsituationen)
→ZUSAMMENFASSENDE AUFLISTUNG DER 10 ASPEKTE AUF SEITE 41 OBEN

6.
- Biografisierung der Gottesfrage
- Religion findet in Lebensgeschichte und Lebenswelt statt
- In autobiographischen Ausführungen ist auch fast immer eine religiöse Positionierung/Auseinandersetzung zu beobachten
- Coupland: „Life after God" – die Generation, die ohne Religion aufwächst – düsteres Bild wird gezeichnet
- An wichtigen Punkten des Lebenszyklus gewinnt religiöse Grundlegung der Lebensgeschichte offenen und sogar öffentlichen Ausdruck

7.
- immer noch Unterschiede zw. J in WD und OD – wohl auch die nächsten Jahre-Jahrzehnte noch bestehen
- doch auch Gemeinsamkeiten: verlängerte Jugendzeit (lange Ausbildungszeiten/ hervorgehobene Rolle von Schule u.a.)
- deutlichste Untersch. Bei Religiosität und Kirchlichkeit: jedoch in OD keine Studien mit besond. Tiefenschärfe auf Religion der J

- Entwicklung einer „gesellschaftlichen Religion" in OD→Jugendweihe mit Stellenwert der Konfirmation
- Kirchennahe J nur ca 20%
- Kirchenferne J in aller Regel säkularer als in WD, eine von Kirchlichkeit versch. Religion nicht festzustellen wie in WD
- Grenze zw. Kirchl. u. nicht-kirchl. J in OD fließend, wenn auch außerhalb von Kirche in geringerem Maße Religion anzutreffen ist
- Postulierte Sektenanfälligkeit nicht bestätigt, ebenso wenig Interesse wie an Kirche
- Kirchennahe J in OD größeres Engagement als in WD
- ACHTUNG: Es liegen nicht die neusten Daten zugrunde→ wie sieht es denn jetzt aus?

EXZERPT HANISCH:

DIE SCHULE ALS LERNORT DES GLAUBENS IM OSTDEUTSCHEN KONTEXT

1.) Historische Entwicklung des RU in OD

2.) Situation des RU mit empirischen Daten aus Schülersicht

3.) Didaktische Überlegungen zur Stabilisierung und Weiterentwicklung des RU

4.) Abschluss: Frage, wie weit Schule als Lernort des Glaubens verstanden werden kann

1.)

Organisatorische Situation:

- vergleichbare schul. Rahmenbed. bei Einf. des RU in den neuen BL
- Umbruchssituation in der Bildungslandschaft der ehem. DDR
- Bildungspolit. Transformationsprozesse best. das Leben an der Schule
- Das sozialistische Einheitsschulsystem musste abgeschafft werden
- Was stattdessen kommen sollte war unklar
- Bildungssystem der BRD wurde weitestgehend übernommen

Arbeitsplatzsituation:

- Unsicherheit des Arbeitsplatzes

- politisch begründete Entlassungen, die aufgrund von Arbeitsgerichtsurteilen zurückgenommen werden mussten
- Lehrerüberhang aus der Vergangenheit + zurückgehende Geburtenrate
- →Stellenkürzungen auf bis zu 50% ; z.b.: McPom 50+x Lösung (=Mangelfachunterrichtende hatten Chance, ihre Deputate auf x% aufzustocken)
- Sachsen im Grundschulbereich: generell nur noch 57% der Anst-verhältn. aufrecht erhalten

Persönliche Situation der Lehrkräfte:
- Herausforderung für Lehrkräfte: LP-Inhalte und didaktische Ansätze vertraut machen + Bildungs- und Erziehungskonzepte übernehmen
- Viele Lehrkräfte konnten ihre sozialistische Prägung nicht ablegen

Situation des RU:
- RU, Ethik, Philosophie trotz unsicherer Situation in den Fächerkanon aufgenommen
- Unklarheit, welche Bedeutung dieser Fächer, da man Jahrzehnte lang ohne sie ausgekommen war
- Vorbehalte gegen RU von Lehrerschaft u. auch von kirchl. Mitarbeitern
- In DDR Religion als rückschrittlich betrachtet und abgelehnt, in Schule nichts zu suchen
- Negative Beschreibung von Religion in Schulbüchern der DDR
- Texte und Lebensbereiche in denen Religion vorkam wurden vollständig ausgeblendet
- Oftmals Ablehnung des RU und Feidseligkeit seitens des Lehrerkollegiums →Auswirkungen bis in die Gegenwart erkennbar
- Schulorganis. Einordnung in de Stundenplan lässt eine absichtliche Benachteiligung des Fachs nur vermuten

- Kritik an Aufhebung der Trennung von Staat u. Kirche→RU ist doch aber nicht Pflicht???
- Kirchl. Vertreter fürchteten nun die Vereinnahmung der Kirche durch den Staat und ein Überflüssigwerden außerschulischer Angebote wie Christenlehre und somit der beruflichen Existenz
- RU als Ersatz für Staatsbürgerkunde deklariert

- Gegenpositionen bestanden natürlich auch: Chance, Religion als selbstverständl. Element der Allgemeinbildung geltend zu machen, eigene umfassende Identität aufzubauen, Erziehung zu Religionstoleranz

- Unsicherheit über das Recht des RU als ord. Schulfach nach Art.7, Abs.3nicht vom Gesetzgeber aus: da nun Zugehörigkeit zur BRD: um 1992 alle kirchl. Entscheidungsprozesse über den RU als Lehrfach abgeschlossen; Ausnahme: Sachsen-A.: 1993/94 ministerieller Erlass→RU an Schule eingeführt (10.05.1993)

- THÜRINGEN:
- 1991 Einf. des RU
- Gründung des „Pädagogisch-Theologischen Zentrums" (Koord.-u.Sammelpunkt der ev-luth. Kirche in Th); u.a. zuständig für die Qualifizierung von kirchl. u. staatl. Lehrkräften
- Akuter Lehrermangel→Multiplikatoren ausgebildet, die flächendeckend Weiterbildungsmaßnahmen anboten→Weiterbildungsmaßnahmen von TheoFak in Jena übernommen →Zahl der RU-Lehrer wuchs rasch an. z.Z. ca.1200 RU-Lehrkräfte zur Verfügung
- Ab erstem SJ – wenn möglich 2h pro Woche
- Kath. RU seit 1990 im Eichsfeld – in übrigen Regionen Th. Zusammenziehen versch. Stufen und Schularten aufgrund geringer Konfessionszahl von 3% in Th. →kath. RU oft nicht in Schule sondern in Räumen der Kirchgemeinde→ auch eher christl-kath. Praxis
- TABELLE 1: manche SuS besuchen auf Regelschule und Gym weder Eth. noch Rel.
- Eth. u. Rel gelten als gleichberechtigt – Eth. wird nicht als Ersatzfach angesehen

SACHSEN:
- RU anfangs (nach der Wende) nicht durchgängig angeboten und größtenteils von kirchlichen Mitarbeitern durchgeführt

2.)
- religiös-kirchliche Sozialisation und ORIENTIERUNG: Tabellen S. 206-215
- religiös- kirchliche Sozialisation von der der Eltern abhängig und nach steigender Schulart auch steigend